A SCUOLA CON PONGO E TIM:

PLAYSTATION

GIULIA SEGRETI

INFORMAZIONE SULL'AUTRICE

Giulia Segreti è una YouTuber, Audiolettrice, Doppiatrice , Executive Consultant e Scrittrice.
Dopo il suo primo libro biografia ''Audiolettrice Erotica'', inizia anche una collana per bambini
dedicata al suo cane PONGO.

CANALE YOUTUBE GIULIA SEGRETI

PONGO

Pongo è un piccolo cagnolino di razza Shih Tzu.
E' un gran giocherellone e ama stare in compagnia.
E' socievole con tutti gli animali: Gatti, Conigli, Cani ecc...
Certe volte è anche un po' fifone.
E' un ottimo cane da guardia! Sente qualsiasi rumore.
Il termine "Shih Tzu" vuol dire appunto "CANE LEONE", tagliando infatti il pelo
assomiglia al re della foresta! E' infine molto dolce e simpatico.
Questa collana di libri è dedicata a PONGO e a tutti i bambini.

A SCUOLA CON PONGO E TIM:

PLAYSTATION

«Ciao a tutti! Benvenuti bambini nella mia scuola, insieme al mio cagnolino parlante. Saluta Pongo!»

«Bau Bau.»

«Io mi chiamo Tim e oggi vi racconterò' tutto sulla nascita della Playstation»

«Wow Tim! Infatti ti vedo spesso giocare con quell'aggeggio. Ma non so cos'è»

«Adesso ti spiego tutto Pongo!»

«Siii!»

«Che cos'e' la Playstation?»

«La Playstation rappresenta il successo dell'azienda SONY
nel campo delle console, che ha dato inizio ad una vera e
propria rivoluzione.
Da prodotto pensato per un pubblico giovane si e'
trasformato in una realtà' tecnologica in grado di cambiare
la quotidianità' della famiglia.
E' stata abbreviata in PS1   (PSone) per distinguerla dalle
successive prodotte sempre dalla famosa SONY.
Uscì il 2 dicembre del 1994 in Giappone.
Mentre in Europa il 29 settembre 1995.»

«Chi invento' la playstation?»

«Il creatore e' KEN KUTARAGI, divenuto noto in tutto il mondo come il padre della Playstation.
Il suo interesse nacque vedendo sua figlia giocare con la console NINTENDO, rivale della Playstation.
Da qui riusci' a creare un modello che si avvicinasse alla Nintendo ma con diverse aggiunte come per esempio il lettore CD-Rom.
Successivamente la casa Nintendo affidò a Sony il progetto della creazione di un lettore CD.
Le due case di produzione volevano collaborare insieme ma poi tutto venne annullato perché non volevano che Sony avesse il controllo completo su tutti i titoli dei giochi usciti.

Alla fine Sony decide di procedere con il progetto da sola.
E quando la Playstation venne rilasciata nei negozi, ci fu
un grande boom di vendite.
Risulto' vincente puntare tutto sui CD .
Infatti se ci fate caso, la Playstation 1 e' anche un ottimo
stereo in quanto non solo puoi giocarci ma anche ascoltare
la musica!
Poi la prima Playstation avendo poca protezione, favoriva
la duplicazione illegale dei giochi a poco prezzo e questo
procedimento aumentava molto la diffusione della console
per la casa Sony.»

«Quanti giochi esistono per PS1?»

«Molti dicono che ci sono 4000 videogiochi in totale per solo la Playstation 1»

«Tim, quali giochi ti piacciono per la PS1?
Vedo che giochi spesso ma non li conosco.»

«I miei giochi preferiti sono:

Crash Bandicoot

Metal Gear Solid

Medievil

Spyro

Hugo

Ape Escape

Metal Slug

Point Blank

Star Wars

E tanti altri....»

«Tim , ci sono altre console?»

«Si , Pongo!
Oltre alla Playstation ci sono L'Xbox e la Nintendo.»

«Wow! Voi umani vi divertite tanto!
Ma ci sono altre edizioni della Playstation?

«Si ! Dopo la Ps1 sono uscite la Ps2, Ps3, Ps4 e ora la Ps5!»

«Vorrei giocarci tutti i giorni!»

«No , Pongo! Non si può' giocare tutti i giorni perché
purtroppo un uso quotidiano porta gravi conseguenze.»

«Cioè?»

«Per esempio, una conseguenza dell'uso dei videogiochi porta ad una perdita di interesse verso altri hobby e qualsiasi altra cosa. Desiderando solo di rimanere a casa ,soli, a giocare per tante ore.

Non e' più' importante uscire con gli amici e divertirsi all'aria aperta. Si diventa anche nervosi e irritabili.

Ci si chiude in camera per giocare tralasciando anche lo studio. Non si riesce più' a dormire.

Si verifica un vero distacco con la realtà'.

Con il passare dei mesi, si può' anche sviluppare una vera e propria malattia come il disturbo della personalità.

Purtroppo Pongo anche io volevo abbandonare lo studio, gli amici e tante altre cose che ritenevo ormai inutili.

Poi i miei genitori mi hanno aiutato ed adesso gioco solo per pochissime ore e mi sento molto bene .»

«Sono contentissimo Tim che ci hai detto quello che ti e' successo , anche perché' puoi aiutare altri bambini che si sentono cosi'.»

«Certo Pongo...

Magari possiamo affrontare la trama di alcuni videogiochi
in altre divertenti lezioni, che ne dici Pongo??»

«Bau Bau! Si mi piacerebbe molto imparare sempre cose
nuove.»

«Bene, oggi abbiamo scoperto tutto sulla nascita della
console più' amata e acquistata al mondo.
Spero che vi sia piaciuto questo viaggio.

Siete pronti a scoprirne di nuovi insieme a me e il piccolo Pongo?»

«Bau Bau.»

Vi aspetto allora alle prossime lezioni.

ALLA PROSSIMA!!!

1 PLAYER
2 PLAYER

FINE